French Short Stories

8 Simple and Captivating Stories for Effective French Learning for Beginners

© **Copyright 2018**

All Rights Reserved. No part of this book may be reproduced in any form without permission in writing from the author. Reviewers may quote brief passages in reviews.

Disclaimer: No part of this publication may be reproduced or transmitted in any form or by any means, mechanical or electronic, including photocopying or recording, or by any information storage and retrieval system, or transmitted by email without permission in writing from the publisher.

While all attempts have been made to verify the information provided in this publication, neither the author nor the publisher assumes any responsibility for errors, omissions or contrary interpretations of the subject matter herein.

This book is for entertainment purposes only. The views expressed are those of the author alone, and should not be taken as expert instruction or commands. The reader is responsible for his or her own actions.

Adherence to all applicable laws and regulations, including international, federal, state and local laws governing professional licensing, business practices, advertising and all other aspects of doing business in the US, Canada, UK or any other jurisdiction is the sole responsibility of the purchaser or reader.

Neither the author nor the publisher assumes any responsibility or liability whatsoever on the behalf of the purchaser or reader of these materials. Any perceived slight of any individual or organization is purely unintentional.

Contents

INTRODUCTION 1

CHAPTER 1 – UNE NOUVELLE VIE 4
    VOCABULAIRE / VOCABULARY 10
    QUESTIONS 11
    RÉPONSES 14
    ANSWERS 14

CHAPTER 2 – UN PETIT TOUR 16
    RÉSUMÉ 21
    SUMMARY 21
    VOCABULAIRE / VOCABULARY 21
    QUESTIONS 22
    QUESTIONS 24
    RÉPONSES 25
    ANSWERS 26

CHAPTER 3 – VIEILLES HABITUDES 27
    RÉSUMÉ 34
    SUMMARY 34
    VOCABULAIRE / VOCABULARY 34
    QUESTIONS 35
    QUESTIONS 36

CHAPTER 4 – BELLA 38
    RÉSUMÉ 42
    SUMMARY 43
    VOCABULAIRE / VOCABULARY 43

QUESTIONS	44
QUESTIONS	45
RÉPONSES	46
ANSWERS	46

CHAPTER 5 – UNE TARTE AUX POMMES 48

SOMMAIRE	56
SUMMARY	57
VOCABULAIRE / VOCABULARY	57
QUESTIONS	58
QUESTIONS	59
RÉPONSES	61
ANSWERS	61

CHAPTER 6 – L'ANNIVERSAIRE DE ZACK 63

RÉSUMÉ	70
SUMMARY	70
VOCABULAIRE / VOCABULARY	71
QUESTIONS	71
QUESTIONS	73
RÉPONSES	74
ANSWERS	74

CHAPTER 7 – UNE PANNE DE VOITURE 76

SOMMAIRE	81
SUMMARY	81
VOCABULAIRE / VOCABULARY	81
QUESTIONS	82
QUESTIONS	84
RÉPONSES	85

ANSWERS	85

CHAPTER 8 – JOYEUSE FETE 87

RÉSUMÉ	92
SUMMARY	92
VOCABULAIRE / VOCABULARY	92
QUESTIONS	93
RÉPONSES	95
ANSWERS	96

Introduction

Have you ever tried to learn a foreign language while watching movies or cartoons? And have you stopped because it was too hard you felt that you had not evolved?

Do not get discouraged, because learning with short stories is more efficient and easier due to the fact you can dive into the universe of the history itself and you will not go overboard as you will progress at your own pace. You are free to re-read and review the chapters to form a better understanding of the language if you want to.

Learning through short stories is much more effective than any other modality. The most sensible recommendation would surely be to read as much as possible! Similarly, if you want to continue to learn more vocabulary and improve your ability to express yourself in a foreign language, whether written or spoken, we strongly recommend that you read original stories or novels. You will dive into the characters but you will also learn a lot about how to talk and even use certain expressions. The activity that allows you to improve continuously in written or oral French is reading. Practiced during our school course or even after, it is the activity that brings back the most notions: linguistic, grammar, conjugation and spelling.

The advantage of short stories is that you can both follow the story and remember each event without having the impression that the story is too long or the story is boring.

This book contains 8 short stories with both the original version and the English translation on the same page. This is an effective technique for learning new words and phrases as both versions are available at a glance. In this way if we do not understand a passage that we have just read the translation is right next to it, which avoids having to search for their meaning!

The texts are not complicated and any beginner can read and understand the stories. They are not too long because it is better to have small, captivating stories than to dive into a long novel if you are there to learn French.

If you want to concentrate and to escape completely, it is recommended to find a calm environment, without any external presence to maximize your ability to make the most of what you are reading.

How to read effectively

If you chose this book because you want to learn French by reading short stories, then here are some tips for a better reading experience:

Read the whole story

When you first read a story in a language you do not understand, and you do not understand what you are reading, it does not matter. Nothing is alarming about that, it's normal. The mistake not to do is to give up and turn back to the beginning.

Indeed, read the story once or twice. The purpose of short stories is to give you the ability to reread and review what you did not understand without having to go back too far in history.

As you read you will realize that you are comprehending much faster and much more than at first reading. But there is another method.

Take small breaks

You do not have to force yourself to read all the stories at once or to finish one when you do not understand it. Do not hesitate to stop from time to time (but not too much, it will break your concentration) and see or search for the meaning of words or phrases you do not understand. This will help you move faster than if you read the whole story without really understanding the background. Do not hesitate to take a tour in the Vocabulaire/Vocabulary section if there are words that escape you.

Chapter 1 – Une nouvelle vie

« Debout, Mathieu ! dit une voix sourde.

– Quelle heure est-il ? demandai-je à ma mère qui me réveillait.

– Il est huit heures, je te réveille comme tu me l'as demandé hier soir. Dépêche-toi de t'habiller.

– D'accord. »

Je m'appelle Mathieu, j'ai dix-neuf ans et je viens d'obtenir une bourse pour continuer mes études à l'étranger. Je suis assez grand, je mesure un mètre quatre-vingts, les cheveux un peu ondulés, noirs et les yeux noisette. J'ai quelques taches de rousseurs sur le visage, ce qui me donne un air sauvage comme le dit ma grande sœur, Marie, qui elle aussi est partie étudier à l'étranger il y a deux ans.

« Mathieu, dépêche-toi !

– Ok, m'man, j'arrive dans cinq minutes ! »

Ma mère s'appelle Zoé et mon père Henri. Ils sont mariés depuis vingt-cinq ans et ont trois enfants dont ma grande sœur Marie, mon petit frère Quentin et moi.

Mon avion décolle ce soir à vingt heures. Maman est stressée, comme d'habitude. D'autant plus que j'ai encore des achats à faire avant de fermer définitivement mes bagages. J'ai déjà rangé toutes mes affaires personnelles hier soir mais, avec maman, on n'est jamais sûr de rien. Elle pense toujours à tout et je ne vais pas m'en plaindre.

Quand je descends dans la cuisine, papa finit encore son café et Quentin joue avec son lait et quelques biscottes tartinées de Nutella.

« Bonjour !

– Bonjour fiston !

– Assieds-toi, il reste du fromage dans le frigo si tu ne veux pas manger sucré.

– C'est impressionnant de voir que tu lis dans les pensées maman, merci !

– Je suis ta mère, c'est normal, je te connais comme ma poche*. »

Papa se lève et me tapote gentillement la tête. C'est le genre de geste affectif qu'il ne se permet jamais. Il doit être un peu triste de mon départ, mais il a trop de fierté pour me le dire en face. D'autant plus qu'il est timide et réservé, ce geste est déjà un gros effort de sa part.

Je termine vite fait mon petit déjeuner. Je n'ai pas très faim ce matin, c'est sûrement l'excitation du voyage qui me coupe l'appétit.

Je me prépare pour aller faire quelques emplettes histoire de ne rien oublier. Je vérifie ce qu'il manque dans mes affaires. Je devrais sûrement acheter une nouvelle brosse à dents, ça ne sert à rien d'emmener la vieille brosse que j'ai ci.

Il est presque quatorze heures quand je finis de préparer mes bagages. Sans oublier toutes les choses que tante Marguerite m'a demandé d'acheter pour elle, il y en a toute une longue liste.

Je m'allonge un moment sur le lit et j'attends.

Je vais bientôt partir. Je suis à la fois triste et excité. Triste parce que mes parents et mes frères et sœurs vont me manquer. Et excité parce que je vais bientôt découvrir de nouveaux horizons, vivre de nouvelles choses.

Je rêvasse encore un instant avant que papa ne m'appelle du hall pour me dire qu'on part bientôt. J'arrange mes cheveux ébouriffés et je descends les escaliers en trombe avec mon bagage à main.

Tout le monde est habillé. C'est un samedi, Quentin n'a donc pas d'école.

Papa démarre la voiture, maman à côté de lui et nous deux derrière, comme d'habitude.

Il n'y a pas eu trop d'embouteillages, il faisait chaud et je regrette un peu d'avoir porté un manteau. Il est presque seize heures lorsqu'on arrive à l'aéroport.

Maman sort mon passeport et le met dans ma poche pour ne pas que je le perde.

Je dois me présenter à l'embarquement et papa m'y accompagne.

Tout est là. Ils impriment mon billet d'avion et je fais un peu la queue en attendant mon tour.

Je rejoins papa le temps qu'ils finissent la paperasse et lui demande où sont maman et Quentin. Il me dit qu'elle est allée acheter à boire et à manger au cas où j'aurais un petit creux car l'avion aura du retard. Justement les voilà qui arrivent.

« Tiens, je t'ai acheté des chips si tu as envie de grignoter.

– Merci maman !

– Alors ? Prêt ?

– Bien sûr ! Ne fais pas cette tête, avec la technologie d'aujourd'hui, on pourra se parler tous les jours.

– Je sais, je ne m'en fais pas trop. »

On annonce le départ et les passagers se hâtent à l'embarquement.

Mon cœur est lourd, je serre mes proches un par un. Quentin a les yeux larmoyants, papa aussi même s'il essaye de le cacher en essuyant de temps en temps ses yeux.

Maman me fait un bisou sur chaque joue et me dit bon voyage avant d'essuyer une larme.

Je n'ai pas de voix, je me contente de sourire.

Encore une fois, je suis à la fois triste heurex. C'est toujours un peu triste de quitter les gens que l'on aime, même si c'est temporaire.

Je me dirige vers la salle d'embarquement et me retourne pour leur faire signe de la main en souriant.

Une fois dans l'avion, je prends une profonde inspiration.

Il doit être vingt heures quand l'avion décolle enfin.

C'est le début d'une nouvelle vie !

"Wake up Mathieu," said a dull voice.

" What time is it?" I asked my mother.

"It is 8 o'clock. You asked me to wake you up yesterday night. Hurry up and get dressed.

' Okay. Thank you.'

My name is Mathieu, I'm 19 years old and I just got a scholarship to continue my studies abroad. I am really tall, 1.80m tall, black hair, a little wavy, with hazel eyes. I have some freckles on my face, which gives me a wild look as my sister Marie used to tell me. She also went to study abroad 2 years ago.

"Mathieu, hurry up!"

'Ok, mom, I'm coming in five minutes!'

My mother's name is Zoé and my father is Henri. They have been married for 25 years and have three children, including my older sister Marie, my little brother Quentin and me.

My plane takes off tonight at 8 pm so Mom is stressed as usual, especially since I still have purchases to make before closing my bags for good. I have already packed all my personal belongings last night but with Mom we can never be sure of anything. She always thinks about everything and I will never complain.

When I go down to the kitchen, Dad is finishing his coffee and Quentin is playing with his milk and a few crackers that he has spread with Nutella.

'Hello!'

'Hello, son!'

'Sit down, there is cheese in the fridge if you do not want to eat sweet.'

'It's awesome to see you've got some mind-reading powers, Mom. Thanks!'

'I am your mother; it's obvious, I know you like the back of my hand, Mathieu.'

Dad gets up and pats my head. That's the kind of affectional gesture he never lets himself do. He must be a little sad about my departure but he has too much pride to say it to my face. Especially since he is shy and reserved, his gesture earlier was already a big effort on his part.

I finish my breakfast quickly. I'm not very hungry this morning; it's probably the excitement of the trip that cuts my appetite.

I'm getting ready to go shopping to be sure not to forget anything. I check what's missing in my stuff, I should probably buy a new toothbrush. I'm not going to lug around my old toothbrush.

It is almost 2 pm when I finished preparing my own luggage, not to mention all the things Aunt Marguerite asked me to buy, which is a whole long list.

I dozed off for a moment on the bed and I waited.

I'll be leaving soon. I feel both sad and excited. Sad because my parents and siblings will miss me. And happy because I'm going to see new horizons, discover new things.

Dad woke me up from my daydreams and told me we were leaving soon. I arranged my ruffled hair and ran down the stairs with my carry-on luggage.

Everyone is dressed, and it was a Saturday, so my little brother did not have school. Dad starts the car; Mom sits next to him and us behind as usual. There's not much traffic, it's hot and I regret a little wearing this coat. It is almost 4 pm when we arrive at the airport.

Mom takes out my passport and puts it in my pocket so I do not lose it. I have to go to boarding and Dad accompanies me. Everything is there; they print my plane ticket and I follow a little queue waiting for my turn.

I join Daddy when they finish the paperwork and ask him where Mom and Quentin are. He tells me that she went to get something to drink and eat in case I need a snack because the plane will be late. "Here they come.'

'Here, I bought you chips if you want to nibble.'

'Thanks Mom!'

'So? Ready?'

'Of course! Do not do that face, with today's technology, we can talk every day.'

'I know, I am not worried about you.'

They announce the departure and the passengers hastily embark. My heart is heavy. I squeeze my loved ones one by one. My little brother has tearful eyes, Daddy too, even if he tries to hide it by wiping his eyes which are already red.

Mom gives me a kiss and tells me to have a good trip before wiping a tear from her right cheek. I do not have any words, so I just smile.

To be honest, I'm happy, happy but also sad because it's always a bit sad to leave the people we love.

I head to the departure lounge and turn around to wave at them, smiling.

Once on the plane, I doze off and take a deep breath. It's the beginning of a new life!

Vocabulaire / Vocabulary

lycée - high school

bourse - scholarship

étranger - foreign

frères et sœurs - brothers and sisters / siblings

mère - mother

grand - tall

cheveux - hair

ondulé(s) - wavy

noir(s) - black

visage - face

taches de rousseur - freckles

air - look

sauvage - wild

café - coffee

biscottes - rusks

petit déjeuner - breakfast

fiston - son (informal)

affectif – affectionate, loving

geste - gesture

« *Je te connais comme ma poche* »* - literally "I know you as my pocket" is used in French to say you know someone like you created them – "I know you as the back of my hand"

Questions

1 - Quel âge a Mathieu?

a. 16

b. 20

c. 30

d. 19

2 - Quel est le prénom du père de Mathieu ?

a. Henri

b. Samuel

c. Antoine

d. Stéphane

3 - Comment s'appelle la mère de Mathieu ?

a. Solange

b. Adèle

c. Zoé

d. Anastasia

4 - Combien de frères et de sœurs Mathieu a-t-il ?

a. Deux frères

b. Deux sœurs

c. Deux frères et une sœur

d. Une sœur et un frère

5 - A quelle heure part l'avion de Mathieu ?

a. A 18h

b. A 14h

c. A 8h du matin

d. A 09h00

6 - Comment s'appelle le petit frère de Mathieu ?

7 - Pourquoi le petit frère de Mathieu n'a-t-il pas d'école ce jour-là ?

8 - Qu'est-ce que la mère de Mathieu lui a acheté à l'aéroport ?

9 - Comment Mathieu se sent-il ?

10 - A quelle heure l'avion décolle-t-il ?

1 - How old is Mathieu?

a. 16

b. 20

c. 30

d. 19

2 - What's the name of Mathieu's father?

a. Henri

b. Samuel

c. Antoine

d. Stéphane

3 - What's Mathieu's mom's name?

a. Solange

b. Adèle

c. Zoé

d. Anastasia

4 - How many brothers and sisters Mathieu has?

a. Two brothers

b. Two sisters

c. Two brothers and one sister

d. One sister and one brother

5 - What time does Mathieu's plane leave?

a. A 20pm

b. At 2pm

c. At 8 o'clock in the morning

d. At 09:00 am

6 - What is the name of Mathieu's little brother?

7 - Why Mathieu's little brother does not have school that day?

8 - What did Mathieu's mother buy him at the airport?

9 - How does Mathieu feel?

10 - What time does the plane take off?

Réponses

1 - d

2 - a

3 - c

4 - d

5 - a

6 - Le petit frère de Mathieu s'appelle Quentin.

7 - Le petit frère de Mathieu n'a pas école ce jour-là parce que c'est un samedi.

8 - La mère de Mathieu lui a acheté des chips à l'aéroport.

9 - Mathieu est à la fois excité et triste.

10 - L'avion décolle à 20h.

Answers

1 - d

2 - a

3 - c

4 - d

5 - a

6 - Mathieu's little brother is named Quentin.

7 - Mathieu's little brother does not have to go to school that day because it's Saturday.

8 - Mathieu's mother bought him crisps at the airport.

9 - Mathieu is excited and sad at the same time.

10 - The plane takes off at 8pm.

Chapter 2 – Un petit tour

Cela va faire trois jours que je suis descendu de l'avion qui m'a emmené loin de chez moi et les cours ont commencé aujourd'hui. Je suis impatient de rencontrer tous mes nouveaux professeurs. J'ai choisi la communication parce que j'aime tout simplement ça et je trouve plus facile et agréable d'apprendre quelque chose que l'on aime.

Je loge dans une chambre à l'est du campus et mon camarade de chambre s'appelle Zack. Il vient de Marseille. On s'est très bien entendu dés notre première rencontre.

Zack est assez costaud, c'est un sportif. Il a les cheveux blonds, des yeux verts et porte souvent des joggings ou des shorts.

La journée de cours est terminée alors on en profite un peu pour flemmarder dans notre chambre.

Je lis un livre d'Edgar Allan Poe tandis que lui joue avec son ballon sur son lit. Il l'envoie en l'air et le rattrape. Il n'est pas très bavard aujourd'hui et ça m'arrange car quand il s'y met, c'est une véritable radio. Pour le moment, j'ai juste envie de lire et de me reposer.

« C'était une longue journée, non ? me dit-il.

– Mhhh, pas vraiment, je n'ai pas eu l'impression de m'ennuyer pendant les cours.

— Haha, c'est toujours comme ça au début. Après, c'est la routine qui prend le dessus. Mais c'est bien d'être motivé. »

Je me lève et cherche de l'argent dans les poches de mon jeans sale. Zack arrête de lancer le ballon en l'air et me regarde.

« Tu vas quelque part ?

— Oui, j'ai quelques courses à faire. J'ai la dalle.

— Tu peux m'acheter un paquet de chewing-gum s'il-te-plaît ? A la menthe. Je te paierai quand tu reviendras.

— OK, autre chose ?

— Mhhh, non ce sera tout. Merci »

J'enfile un sweat bleu. Il fait frais dehors et je n'ai pas envie de tomber malade en plein début des cours. D'autant plus que je ne suis pas encore habitué au décalage horaire et que je suis encore un peu fatigué de mon voyage.

Mon emploi du temps est assez libre. Je ne suis pas submergée de cours tous les jours, ce qui me donne l'occasion de faire autre chose en parallèle. Pourquoi pas un petit job ? Ce serait intéressant, mais je dois encore m'adapter au rythme de vie étudiant. Peut-être que d'ici un mois ou deux, j'envisagerai de travailler à côté.

Je marche le long des trottoirs et cherche une supérette dans les parages. J'ai dû marcher une bonne quinzaine de minutes avant d'en trouver une.

Je m'achète des chips, une cannette de Pepsi et des cigarettes, sans oublier le paquet de chewing-gum que Zack m'a demandé de rapporter.

Je parcours les rayons afin de trouver quelques sucreries pour mes révisions du soir.

Je passe à la caisse, le monsieur me dit bonjour et prend les sous que je lui tends.

« Ce sera tout ?

– Oui.

– Merci, monsieur. Bonne journée.

– Bonne journée ! »

En sortant, je me rends compte que c'était très peu de courses pour quand même quinze minutes de marche. Je devrais peut-être acheter autre chose ? Non. De toute façon ce n'est pas grave, je peux revenir de temps en temps, ça me fera un peu de sport.

J'ouvre ma canette de Pepsi et prend une gorgée tout en continuant de marcher jusqu'à ma chambre.

Quand j'entre, la porte n'est pas fermée. C'est sûrement moi qui l'ai oublié en sortant vu que Zack dort comme un bébé sur son lit. Quelle marmotte* celui-là.

Je dépose mes courses sur la table et je sors mes cahiers pour revoir mes cours d'aujourd'hui. Zack a raison, ce n'est pas quelque chose que je fais en plein semestre généralement. C'est sûrement la motivation des premiers jours et de ce nouveau cadre. Qu'importe, j'ouvre mes cahiers et je plonge dans mes bouquins. De toute façon, je n'ai personne à qui parler vu que Zack dort. Ça me fait un peu de calme pour réviser.

It's been three days since I got off the plane that took me away from home and the classes starts today. I'm looking forward to meeting all my new teachers. I chose communication because I like it and I find it's easier to learn something we like.

I'm staying in a room on the east side of the campus and my roommate's name is Zack ; he's from Marseille and we've gotten along very well since we met.

Zack is quite sturdy since he plays sports, he has blond hair, green eyes and often wears joggings or shorts.

The classes are over so we enjoy loafing in our room.

I read a book by Edgar Allan Poe while he plays with his ball on his bed. He sends it in the air and returns it once in his hands. He is not very talkative today and it is ok for me because when he starts, he is a real radio and for the moment I just want to read and rest.

'It was a long day, right?' he asked me.

'Mhhh, not really, I did not feel bored during class.'

'Haha, it's always like that at the beginning, after, the routine takes over. But it's good to be motivated.'

I get up and look for money in the pockets of my dirty jeans. Zack stops throwing the ball in the air and looks at me.

'You're going somewhere?'

'Yes, I have some shopping to do. I'm starving.'

'Can you buy me a pack of chewing gum please? Mint-flavoured. I'll pay you when you come back.'

'Ok, something else?'

'Mhhh, no that's all.'

I put on a blue sweatshirt; it's cool outside, I do not want to get sick in the beginning of classes, especially since I still have jet lag and I'm still a little tired from my trip.

My schedule is pretty free, I'm not overwhelmed with classes every day, which gives me the opportunity to do something else in parallel. Why not a small job? It would be interesting but I still have to adapt to the rhythm of student life. Maybe in a month or two I'll consider working a little bit.

I walk along the sidewalks and look for a supermarket nearby. I have to walk a good fifteen minutes before finding one.

I buy chips, a can of Pepsi and cigarettes. Not to mention the pack of chewing gum that Zack asked me to bring back.

I scroll the shelves to find some sweets as provisions for the evening.

I go to the cash register; the gentleman welcomes me by saying hello and takes the notes that I hand him over.

'That will be all?'

'Yes.'

'Thank you sir. Have a good day.'

'Have a good day !'

While leaving, I realized that it was more than fifteen minutes of walking. Maybe I should buy something else? Anyway, it did not matter, I could come back from time to time, it will be some exercise.

I open my Pepsi can and take a sip while continuing to walk to my room.

When I enter, the door is not closed; it is probably me who forgot to close it when going out as Zack sleeps like a baby on his bed. What a log that one.

I put my groceries on the table and I take my notebooks to see today's classes. Zack is right; it's not something I usually do in the middle of the semester, it's probably the motivation of the early days and the new landscape. No matter, I open my notebooks and dive into my books. Anyway, I have no one to talk to because Zack is still sleeping; it gives me a bit of calm to revise.

Résumé

Cela va faire trois jours que Mathieu est arrivé à destination et maintenant il commence les cours. Il a un camarade de chambre. Il s'appelle Zack et il vient de Marseille. Mathieu s'entend bien avec Zack. Pour passer le temps, Mathieu décide de sortir faire quelques achats et en profiter pour se familiariser avec son nouvel environnement. Une fois de retour, il profite du calme et de sa motivation pour réviser un peu.

Summary

It's been three days since Mathieu arrived at his destination and now he's starting classes. He has a roommate. His name is Zack and he comes from Marseille. Mathieu gets on well with Zack. To pass time, Mathieu decides to go out to do some shopping and take the opportunity to get acquainted with his new environment. Once back, he enjoys the calm and some motivation to study a little.

Vocabulaire / Vocabulary

trois jours - three days

chez moi - home

cours - classes

professeurs - teachers

apprendre - to learn

quelque chose - something

chambre - room

campus - campus

camarade de chambre - Roommate

rencontre - meeting (from the verb « *rencontrer* » or to meet)

flemmarder - to loaf

ballon - ball

pas très bavard - not very talkative

j'ai la dalle - I'm hungry (informal)

menthe - mint

décalage horaire - jet lag

voyage - trip

emploi du temps - schedule

trottoirs - sidewalks

supérette - minimarket

canette - can

quelle marmotte* - literally "what a marmot". It is used to call someone who sleeps most of the time, just as a marmot – Sleeping like a log, like a baby

semestre - semester

Questions

1 - L'histoire se passe combien de temps après l'arrivée de Mathieu en France ?

a. Une semaine

b. Deux semaines

c. Trois jours

d. Un mois

2 - Quelle filière Mathieur a-t-il choisie ?

a. Le droit

b. La communication

c. La médecine

d. La gestion

3 - Comment s'appelle le colocataire de Mathieu ?

a. Zack

b. Jerry

c. Carter

d. John

4 - D'où vient Zack ?

a. Zack vient de Montréal.

b. Zack vient de Marseille.

c. Zack vient de Paris.

d. Zack vient du Mexique.

5 - Quel sport Zack pratique-t-il ?

a. Zack joue au football.

b. Zack joue au tennis.

c. Zack joue au basketball.

d. Zack joue au handball.

6 - Où va Mathieu ?

a. Il va au terrain de basketball.

b. Il va à la piscine.

c. Il va en cours.

d. Il va faire quelques courses.

7 - Que lui demande d'acheter Zack ?

8 - De quel couleur est le sweat de Mathieu ?

9 - Combien de temps Mathieu marche-t-il avant de trouver une supérette ?

10 - Qu'est-ce que Mathieu achète dans la supérette ?

11 - Que fais Mathieu une fois dans sa chambre ?

Questions

1- How long after Mathieu's arrival in France does the story takes place?

a-One week

b-Two weeks

c-Three days

d-One month

2-What did Mathieu choose?

a- Law

b-Communication

c-Medicine

d-Management

3-What's the name of Mathieu's roommate?

a- Zack

b-Jerry

c-Carter

of John

4-Where does Zack come from?

a-Zack comes from Montreal

b-Zack comes from Marseille

c-Zack comes from Paris

d-Zack comes from Mexico

5-What sport does Zack do?

a-Zack is playing football

b-Zack plays tennis

c-Zack plays basketball

d-Zack plays handball

6-What does Zack ask him to buy?

7-What color is Mathieu's sweatshirt?

8-How long does Mathieu walk before he finds a supermarket?

9-What does Mathieu buy in the supermarket?

10-What does Mathieu do once in his room?

Réponses

1 - c

2 - b

3 - a

4 - b

5 - c

6 - Zack lui demande d'acheter un paquet de chewing-gum à la menthe.

7 - Le sweat de Mathieu est de couleur bleue.

8 - Mathieu marche une quinzaine de minutes avant de trouver une supérette.

9 - Mathieu achète des chips, une canette de Pepsi, cigarettes et les chewing-gums de Zack.

10 - Une fois dans sa chambre, Mathieu révise.

Answers

1 C

2-b

3-a

4-b

5-c

6-Zack asks him to buy a packet of mint chewing gum.

7-Mathieu's sweatshirt is blue.

8-Mathieu walks for about fifteen minutes before finding a small supermarket.

9- Mathieu buys chips, a can of Pepsi, cigarettes and chewing gum from Zack.

10-Once in his room, Mathieu revises.

Chapter 3 – Vieilles habitudes

C'était un après-midi comme les autres. Nous n'avions pas cours ce jour-là et j'en ai profité pour me reposer. Zack et moi habitions dans une chambre d'étudiant banale, avec des lits parallèles et des étagères pour ranger nos affaires personnelles. Zack dormait en face de moi. Il laissait défiler les actualités Facebook sur l'écran de son téléphone tandis que j'essayais de dormir, en vain.

« C'est fou ce que je me trouve maigre. J'ai perdu pas mal de poids depuis mon arrivée ici.

– Tu travailles trop, ménage-toi de temps en temps, marmonna-t-il.

– Il faut bien se faire un peu d'argent de poche, tout le monde n'a pas la chance d'avoir des parents comme les tiens.

– C'est pas faux, mais si tu te trouves maigre, fait un peu de sport. C'est toujours mieux que de rester enfermé ici.

– Tu fais quoi comme activité physique à part le basket ?

– Ma session d'entraînement habituelle est de quatre-vingt minutes. J'ai une routine de vingt minutes sur le tapis de course, une heure pour les poids libres et dix minutes d'abdos que je fais tous les jours. C'est parfois dur de s'y tenir parce que je suis crevé après les cours, donc je n'en fais plus tous les jours. Les weekends où les jours où je ne fais rien de spécial, je vais au terrain m'échauffer un peu, ça me déstresse aussi quoi. Pourquoi ?

– Non, juste comme ça. Je ne suis pas trop musculation. Je voudrais juste une activité physique régulière. J'ai à peine 20 ans et je me sens déjà vieux. »

J'ébouriffe mes cheveux. J'ai envie de faire autre chose que de travailler comme serveur au fast-food et aller en cours. Je n'ai pas de vie sociale du tout, Zack dirait que je suis un « *no-life* », mais au fond, ça ne me gêne pas plus que ça. Je n'ai pas besoin d'une tonne d'amis sans valeur.

« J'ai fait du basketball au collège.

– Ah oui ? Eh bien, tu parles d'une nouvelle ! Pourquoi t'as arrêté ?

– Je ne sais plus trop, je faisais des matchs pendant les heures de pause, et j'étais plutôt… très enthousiaste et je prenais ça trop à cœur. Je ne supportais pas de perdre, alors que tu sais, dans ce genre d'activité tu ne peux pas toujours gagner.

– Mais il faut le prendre comme un loisir et non une compétition. Sinon, c'est sûr, tu te lasseras aussi vite que tu as commencé.

– C'est peut-être ça… »

Zack se lève, enfile un maillot « Jordan » et ramasse son ballon.

« Moi, je vais me faire un petit match amical. Je vais au terrain de basketball du campus voir s'il y a des joueurs.

– Maintenant ?

– Ouais, pourquoi ? Tu veux venir ?

– Je ne sais pas, ça fait longtemps.

– Fais pas ta poule mouillée, le basketball ça ne se perd pas, allez !

– Mais je n'ai pas de tenue appropriée.

– Je te filerai un de mes maillots, ils sont un peu larges pour toi mais bon…

Il cherche un maillot dans son placard et me tend un autre numéro vingt-trois de couleur rouge.

– Je pense que je ne vais pas porter de short mais juste un jean. Je vais juste jouer un peu, je ne pense pas tenir pendant un match entier.

– Comme tu veux, allez, on y va !

Il faisait assez chaud dehors, il était quatorze heures trente, il n'y avait pas beaucoup d'étudiants dans la cour. Pendant qu'on marchait, j'entendais déjà des bruits de rebonds de ballon au fur et à mesure que l'on se rapprochait du terrain. Il y avait d'autres étudiants qui jouaient. Je me sentais nerveux, et si j'étais nul ? Ce serait gênant, surtout s'il y avait du monde. J'ai commencé à hésiter. Mais en repensant à ce que Zack avait dit, il fallait se lâcher un peu, se relaxer et s'amuser. Demain, j'irai de nouveau à mes cours de communication, et après je passerai au travail pour finir tard et rentrer au campus lire un livre avant de m'endormir.

« Salut les gars, on peut se joindre à vous ? demande Zack en tapant dans la main d'un mec barbu.

– Ouais, Maxime et Franck allaient justement partir.

– Cool ! »

Je me souviens des règles de base mais je ne sais pas si je sais encore bien jouer.

Zack commence avec le ballon en main. Nous somme quatre dont Zack et moi contre Akim et Michaël. Zack dribble un moment avant de me passer le ballon, je dribble maladroitement mais rien de honteux.

Je lui file le ballon et il lance un trois points qu'il réussit.

« Pas mal pour un basketteur rouillé. », me lance-t-il.

Après à peine quinze minutes de jeu, je suis vraiment essoufflé. Ils jouent bien trop vite pour moi. Je suis quand même le rythme, et le score est assez serré, même si c'est Zack qui a marqué la majorité de nos paniers.

Après trente minutes, je sors.

Je me suis vraiment amusé, mais mes poumons crient au secours. Je n'ai pas autant transpiré depuis le collège.

« Je suis lessivé, je vais rentrer. C'était sympa.

– OK. Enrique c'est ton tour ! » dit Zack tout en lançant le ballon à Akim.

Je rentre au campus en marchant lentement, reprenant mon souffle. Demain j'aurai sûrement des courbatures, mais ça en valait la peine : je me sens déjà plus vif, en bonne santé, même si c'est sûrement que dans ma tête.

Je souris à cette idée. Pour moi, c'est le genre de journée animée et de vieilles habitudes que je n'ai pas à regretter.

It was an ordinary afternoon. We had no class that day and I took the opportunity to rest. Zack and I lived in a basic student room, with parallel beds and shelves to store our belongings. Zack was sleeping in front of me. He was reading news on his Facebook timeline on his phone screen while I was trying to sleep, to no avail.

'It's crazy how I find myself skinny. I lost a lot of weight since I arrived here.'

'You work too much, take care of yourself from time to time,' he mumbled.

'Got to get a little pocket money, not everyone has the chance to have parents like yours.'

'It's not wrong, but if you find yourself thin, do some sports. It's always better than staying locked here.'

'What do you do as a physical activity other than basketball?'

'My usual training session is eighty minutes. I have a twenty-minute routine on the treadmill, an hour for free weights and ten minutes of abs that I do every day. It's a little confusing when I'm tired after classes so I do not do it anymore. And the weekends or some days when I do nothing special I go to the basketball court, get a bit warmed up, it helps me unwind. Why?'

'No, just like that. I am not so muscular. I would like a regular physical activity, I'm barely 20 years old and I feel old.'

I ruffle my hair, I want to do something other than working as a waiter at the fast food stand and going to class. I do not have a social life at all, Zack would call me a "Nolife," but basically it does not bother me more than that. I do not need a ton of worthless friends.

'I did basketball in middle school.'

'Ah yes? Well, that's news! Why did you stop?'

'I don't really know, I played games during breaks, and I was rather ... very enthusiastic and I took it too much to heart. I can not stand to lose while, you know, <u>in this kind of activity</u> you can not always win.'

'But it must be taken as a hobby and not a competition. Otherwise, for sure, <u>you'll</u> get tired as fast as you started.'

'It may be that ...'

Zack gets up, puts on a jersey and picks up his ball.

'I'd like to go for a little friendly match. I will go to the campus basketball court to see if there are players.'

'Now?'

'Yeah, why? You want to come?'

'I do not know, it's been a long time.'

'Don''t be such a wimp, you can't forget how to play basketball, come on!'

'But I do not have proper attire.'

'I will loan you one of my jerseys ; they are a bit wide for you but hey ...'

He looks for a jersey in his shelf and hands me another red number 23.

'I think I will not wear shorts, just jeans. I'm just going to play a bit, I do not think I'm going to play for the whole match.'

'You do as you like, come on!'

It was quite hot outside, it was 14:30 in the afternoon, so there were not many students in the yard. As we walked, I heard the sound of bouncing basketballs as we got closer to the field. There were other students playing. I felt nervous, and what if I was lame? It would be embarrassing especially if there were people. I started hesitating. But thinking back to what Zack told me, I had to let go a little, relax and have fun. Tomorrow I would go back to my communication classes and then I'd go to work, finish late and return to the campus to read a book before falling asleep.

'Hey guys, can we join you?' Zack asks, giving a high five to a bearded guy.

'Yeah, Maxime and Franck were just leaving.'

'Cool !'

'I remember the basics and the rules but I do not know if I'm still good at practice.'

Zack starts with the ball in hand. We are four including Zack and me against Akim and Michaël. Zack dribbles for a moment before passing me the ball ; I dribbled awkwardly but nothing shameful.

I give him back the ball and he throws a three-point, succeeding.

'Not bad for a rusty basketball player. » he says,

After just fifteen minutes of match I'm out of breath, but really. They play too fast for me, I'm keeping the pace and the score is quite tight, even if it is Zack who scored the majority of our points.

After thirty minutes I leave the court.

I really enjoyed it but my lungs scream for help. I have not been so sweaty since middle school.

'I'm wiped, I'll go home. It was nice.'

'OK. Enrique, it's your turn!' said Zack while throwing the ball at Akim.

I go back to campus walking slowly, catching my breath. Tomorrow I will probably feel stiff but it was worth it. I already feel more alive, more healthy even if it's probably just in my head.

I smile at this idea. For me it's the kind of hectic day and old habits that I do not have to regret.

Résumé

C'était un de ces après-midi où Mathieu reste dans sa chambre à lire ou à dormir avec Zack juste en face de lui. Mais ce jour là, il se sent nostalgique alors il commence à parler de sport à Zack. Zack, lui, est fanatique de basket, du coup il lui propose de venir jouer avec lui. Mathieu hésite un peu mais il n'a pas grand-chose d'intéressant à faire et faire un peu de sport ne lui ferait pas de mal. Ils jouent une demi-partie avant que Mathieu ne sorte. Ses poumons lui ont rappelé ses années d'inactivité sportive. Cependant, il s'est amusé, alors il compte reprendre le basketball de temps en temps.

Summary

It was one of those afternoons when Mathieu stayed in his room reading or sleeping with Zack right in front of him. But that day, he feels nostalgic so he starts talking about sports to Zack. Zack is a basketball fanatic so he invites him to play with him. Mathieu hesitates a bit but he does not have much interest in doing anything else and a little sport does not hurt. They play half a game before Mathieu leaves. His lungs reminded him of his years of physical inactivity. However, he had fun so he plans to play basketball from time to time.

Vocabulaire / Vocabulary

après-midi - afternoon

lit(s) - bed(s)

parallèle(s) - parallel

affaires personnelles - personal belongings

actualités - news

en vain - in vain

maigre - thin

entraînement - training

Questions

1 - Que fais Mathieu cet après-midi-là ?

a. Il essaye de dormir.

b. Il lit un livre.

c. Il joue avec son téléphone.

d. Il regarde un film sur son ordinateur.

2 - Que fais Zack à côté ?

a. Zack joue avec son ballon de basket.

b. Zack dort.

c - Zack joue avec son téléphone.

d - Zack est sorti.

3 - Quand est-ce que Zack joue au basketball ?

a. Après les cours

b. Avant les cours

c. Quand il n'a pas cours

d. Pendant le weekend

4 - De quelle couleur est le maillot que Zack donne à Mathieu ?

a. Rouge

b. Bleu

c. Jaune

d. Orange

5 - Quel indice indique à Mathieu que des gens jouent au terrain ?

a. Il entend des gens parler.

b. Il entend des gens rire.

c. Il entend les rebonds du ballon.

d. Il entend des bruits de pas.

6 - Comment s'appellent les adversaires de Zack et Mathieu ?

7 - Pourquoi Mathieu et Zack peuvent-ils prendre le relais de la partie ?

8 - Pourquoi Mathieu arrête-t-il de jouer ?

9 - Comment se sent Mathieu après le match ?

10 - Est-ce que Mathieu compte reprendre le basketball ? Pourquoi ?

Questions

1-What is Mathieu doing this afternoon?

a-He tries to sleep

b-He reads a book

c-He plays with his phone

d-He's watching a movie on his computer

2-What is Zack doing next to him?

a-Zack plays with his basketball

b-Zack sleeps

c-Zack plays with his phone

d-Zack is out

3-When does Zack play basketball?

a-After classes

b-Before classes

c-When he does not have class

d-During the weekend

4-What color is the jersey that Zack gives to Mathieu?

a Red

b-Blue

c-Yellow

d-Orange

5-What clue tells Mathieu that people are playing in the field?

a-He hears people talking

b-He hears people laughing

c-He hears the rebounds of the ball

d-He hears footsteps

6-What are the names of the opponents of Zack and Mathieu?

7-Why can Mathieu and Zack join the game?

8-Why does Mathieu stop playing?

9-How does Mathieu feel after the match?

10-Does Mathieu plan to play basketball again? Why?

Chapter 4 – Bella

Fromage, frites, sandwich, bon sang. J'ai l'impression d'être un gamin à faire la même chose jour après jour. Je me suis dégoté un petit boulot à temps partiel deux mois après m'être installé en France, histoire de me faire un peu d'argent en parallèle de l'université. Ce n'est pas une tâche facile mais il faut bien commencer quelque part. Je travaille comme serveur dans un petit « fast-food » pas très loin de chez moi. Ma famille me manque, c'est donc surtout pour me distraire et oublier ma solitude.

Mais j'ai tant de choses à faire et pas mal de préoccupations pour le moment.

« Garnitures ? »

Ça fait juste deux cent fois que je demande ça depuis que j'ai ouvert la porte ce matin.

« Qu'est-ce que vous avez ? »

Le monsieur à ma fenêtre porte une chemise bleue, un téléphone dans une main et une tasse de café dans l'autre. Je ne sais pas comment il va se débrouiller pour tenir un sandwich aussi, mais c'est son problème, pas le mien. J'ai suffisamment de soucis de mon côté, je n'ai pas besoin de me rajouter ceux des autres.

« Il y a tout sur la pancarte à gauche. »

Je fais un signe de tête en direction du panneau pourtant très distinct avec de grandes lettres noires et blanches qui indique clairement toutes les garnitures que je propose.

« Voilà, ce sont les plus populaires.

– Vous avez quelque chose de plus sain ? »

Il est dans un fast-food et il veut quelque chose de sain.

La queue s'allonge et je peux voir des regards le mitrailler.

« Je prendrai juste un sandwich au poulet dans ce cas. »

Évidemment.

« C'est noté. Ça prendra quelques minutes. »

J'encaisse son argent et je me retourne vers les fourneaux pour en sortir deux gaufres presque brûlées. Ça bipait depuis qu'il avait commencé à chercher son portefeuille dans son sac bien trop grand.

Un autre jour. Un autre euro. Rien de mieux que de rentrer à la maison.

Il est tout juste dix-huit heures passées et je suis prêt à fermer boutique mais comme je n'ai pas encore vu Bella pour l'instant, je m'occupe en organisant les étagères. J'attends ma dose journalière de paradis. Bien entendu, Bella n'est pas son vrai nom. Je ne lui ai parlé qu'une fois et je ne lui ai pas demandé son prénom.

Et, réglée comme une horloge, la voilà qui passe dans un t-shirt blanc et un pantalon noir skinny. Ses cheveux bruns arrivent à ses épaules, sa petite frange est balayée par le vent. Me voilà à l'admirer.

Elle passe devant ma fenêtre tous les soirs de la semaine à dix-huit heures dix exactement. Jamais avant. Jamais après. Toujours à la même heure. Si je devais deviner, je dirais qu'elle habite dans le coin également.

La seule fois où Bella est venue à ma fenêtre, c'était il y a environ un mois. Il était trois heures de l'après-midi, un samedi. Elle était seule, portait un T-shirt des Oregon Ducks. J'étais stressé. J'ai remarqué son sourire insouciant.

Elle a peut-être dix-huit ou dix-neuf ans, plus jeune de quelques années par rapport à moi, mais j'ai l'impression d'être un vieux quand je regarde sa peau de porcelaine et ses yeux verts angéliques.

Alors, comme une brise, Bella passe devant ma fenêtre. Mon ego essaie de me convaincre qu'elle a lancé un regard dans ma direction, mais je sais que je rêve.

C'est l'heure de rentrer. Et hop, je ferme la boutique et je dis bonne soirée à mes collègues.

Cheese, fries, bread, oh my God. I feel like a kid doing the same thing day after day.

'Toppings?'

It's been just two hundred times since I opened the door this morning.

'What do you offer?'

The man at my window is wearing a blue shirt, a phone in one hand and a coffee mug in the other. I do not know how he's going to hold a sandwich too, but that's his problem, not mine. I have enough concerns on my side. I do not need to add some more.

'There is everything on the sign on the left.'

I nod in the direction of the very distinct panel with large black and white letters that clearly indicates all the toppings I propose.

'These are the most popular.'

'Do you have something healthier?'

He's in a fast food restaurant and he wants something that's healthy.

The line is getting longer and I can see all the dirty looks that are staring at him.

'I'll just take a chicken sandwich then.'

Obviously.

'Noted. It will take a few minutes.'

I cash his money and turn to the stove to get out two waffles that are almost burned. It started beeping when he was looking for his wallet in his big bag.

Another day. Another dollar. Nothing better than home.

It's just 6:00 pm and I'm ready to close, but since I have not seen Bella for now, I'm organizing my shelves once again and waiting for my daily dose of paradise. Bella is not her real name, of course, but since I only spoke to her once, I do not know her first name.

And, set like a clock, here she is in a white t-shirt and skinny black pants, her brown hair coming to her shoulders, with little bangs that the wind sweeps from time to time, and here I am, admiring her.

She walks by my window every night of the week at exactly six past ten. Never before. Never after. Always at the same time. If I had to guess, I would say she lives in the area as well.

The only time Bella came to my window was about a month ago. It was three o'clock in the afternoon, a Saturday, and she was alone, wearing an Oregon Ducks t-shirt. I had never seen her that close before. I was stressed. I noticed her carefree smile.

She may be eighteen or nineteen years old. A few years younger than me, but I feel like an old man when I look at her porcelain skin and angelic green eyes.

Does she like me? The only signs I noticed indicating that she wanted anything were those deep breaths she took to smell food's smell in the air every time she passed my window. I do not know why she does not stop more often, but it's none of my business.

Then, like a gust of wind, Bella passes in front of me, inspiring me deeply in passing. My ego tries to convince me that she has also looked in my direction, but I know I'm dreaming.

Résumé

Deux mois après son arrivée en France, Mathieu décide de travailler à temps partiel dans un petit snack pas très loin de chez lui. Il sert les commandes dans une petite fenêtre. Il n'y a rien de particulier qui attire son attention dans le coin, à part la jeune fille qui passe tous les jours devant l'endroit où il travaille. Il ne la connaît pas, mais la trouve particulièrement charmante. Pourtant il est encore occupé, donc il préfère suivre son train-train quotidien*.

Summary

Two months after his arrival in France, Mathieu decides to work part-time in a small snack bar not far from home. He serves the orders in a small window. There is nothing special around but he sees a girl who passes every day in front of the place where he works. He does not know her, but finds her particularly charming. Still he is busy so he prefers to follow his daily routine *.

Vocabulaire / Vocabulary

fromage - cheese

frites - fries

dégoté un petit boulot - got a job (informal)

à temps partiel - part-time

tâche facile - easy task

serveur - server

garnitures - toppings

préoccupations - concerns

solitude - loneliness

pancarte - sign

étagères - shelves

frange - bangs

angélique(s) - angelic

horloge - clock

peau de porcelaine - porcelain skin

odeur - smell

Train-train quotidien* - literally means "daily train-train" which means something that you usually do, something you are used to do; it's an expression to call your daily routine.

Questions

1 - Depuis quand Mathieu travaille-t-il dans le fast-food ?

a. Deux semaines après son arrivée en France

b. Deux mois après son arrivée en France

c. Quatre mois après son arrivée en France

2 - Quel poste occupe-t-il dans le fast-food ?

a. Il est serveur.

b. Il est gérant.

c. Il est cuisinier.

3 - Mathieu travaille à temps partiel :

a. Vrai

b. Faux

4 - Qui est Bella ?

a. Une amie

b. Une fille qui passe souvent devant son travail

c. Une cliente

5 - A quelle heure Bella passe-t-elle devant le fast-food ?

a. 18 heures

b. 20 heures

c. 18 heures 10 minutes

6 - Que portait Bella ce jour-là ?

7 - Quel âge Mathieu pense-t-il que Bella a ?

8 - Est-ce que Bella passe tous les jours ?

9 - Est-ce que Bella est le vrai nom de la fille ?

10 - Est-ce que Mathieu a déjà parlé à Bella ? Et quand ?

Questions

1-Since when does Mathieu work in a fast food?

a-Two weeks after arriving in France

b-Two months after arriving in France

c-Four months after arriving in France

2-What position does he occupy in fast food?

a-He is a waiter

b-He is manager

c-He is a cook

3-Mathieu works part-time:

a-True

b-False

4-Who is Bella?

a-A friend

b-A girl who often goes to work

c-A client

5-What time does Bella pass in front of the fast food?

a-18 :00 pm

b-20 :00 pm

c-18 :10 pm

6- What was Bella wearing that day?

7-How old does Mathieu think Bella is?

8- Is Bella passing every day?

9-Is Bella the real name of the girl?

10-Has Mathieu ever talked to Bella? And when?

Réponses

1 - b

2 - a

3 - a

4 - b

5 - c

6 - Bella portait un t-shirt blanc et un pantalon noir skinny.

7 - Il pense juste qu'elle est plus jeune que lui.

8 - Oui, Bella passe tous les jours.

9 - Non, c'est un surnom que Mathieu lui a donné.

10 - Oui, une fois quand elle a acheté à manger dans le fast-food.

Answers

1-b

2-a

3-a

4-b

5-c

6- Bella was wearing a white t-shirt and skinny black pants.

7-He just thinks she's younger than him.

8- Yes, Bella passes by the front of his window every day.

9-No, it's a nickname Mathieu gave her.

10-Yes, once when she bought something in the fast food.

Chapter 5 – Une tarte aux pommes

J'ouvre les yeux au moins vingt secondes avant que le réveil ne sonne. Je m'appelle Henri et j'ai cinquante ans. J'ai trois enfants, Marie, Mathieu et Quentin, des enfants bien intelligents et dont je suis fier. Les deux aînés sont partis continuer leurs études universitaires à l'étranger. Marie est en Allemagne et Mathieu en France. Pour ce qui est de Quentin, le petit dernier, nous ne savons pas ce qu'il projette de faire, mais pour le moment il est parti vivre en colocation avec un de ses amis et nous le voyons encore pendant les weekends, ou quand il n'a pas cours. C'est fou ce que les enfants grandissent vite, le temps file à toute allure.

Ma femme Zoé dort encore. Sans trop tarder, je me lève et je vais dans la salle de bain me laver le visage pour effacer les traces de l'oreiller. Je porte un débardeur et un short, il est six heures du matin. Je prends la serviette suspendue sous le miroir et je m'essuie le visage avec elle.

Je me change avant de me diriger vers la cuisine pour prendre mon petit déjeuner. J'entends Zoé se lever.

« Tu es bien matinal aujourd'hui.

– Oh, je n'avais plus sommeil, dis-je en ouvrant le frigo.

– Il y a des céréales aux fruits rouges si ça te dis, chéri.

– Mhhh, non c'est bon, je vais juste manger des biscottes. Fais-nous du café plutôt.

– Oui, chef, dit-elle en sautillant.

– Tu n'as toujours pas de nouvelles des enfants ?

– Non.

– Marie ? Mathieu ? Et Quentin ?

– Ils sont sûrement occupés. Quentin a appelé hier soir quand tu étais encore au travail. Il passera dimanche, il veut nous présenter sa petite copine, Clémence.

– Eh bien, comme je le pensais, le temps passe vite. Et dire qu'il y a un an, on déposait Mathieu à l'aéroport et voilà que Quentin a une petite copine ! dis-je en riant.

– Nous avons bien fait de prendre cet appartement. A nous deux, la maison était bien trop grande. En plus, notre portier Marcello est extrêmement sympathique.

– Oui, c'est sûr. Mais il se fait vieux, il devrait partir à la retraite pour enfin pouvoir se reposer.

– Il n'a pas de famille apparemment. Et puis son travail ne le fatigue pas tant que ça je pense. »

Le téléphone sonne. Zoé s'empresse de regarder le nom affiché sur l'écran. Déçue, elle le tend à Henri : c'est un de ses amis qui l'appelle.

« Bon, je vais faire une tarte, je sors faire quelques emplettes pour acheter les ingrédients.

– Moi aussi je veux sortir faire un tour.

– Allons-y ensemble alors.

– D'accord. Préparons-nous alors », dis-je.

Nous avons eu un déjeuner calme. C'était délicieux, j'adore les lasagnes, surtout avec des champignons. En début d'après-midi, on a regardé quelques feuilletons. Puis j'ai enfilé mes lunettes pour lire les journaux pendant qu'elle continuait à regarder ses séries.

« Bon, je vais aller faire ma tarte. Je n'ai pas envie de commencer trop tard, je serai fatiguée ensuite et je n'aime pas remettre à demain, dit-elle en se levant.

– Moi je pense faire une petite sieste.

– Est-ce que tu ne serais pas mieux dans le lit ?

– Oh que non, le canapé est bien meilleur, crois-moi.

– Si tu le dis. »

Je ne sais plus quelle heure il est quand j'ouvre les yeux. Il commence à faire nuit. Je me lève et vais vers la cuisine. Ça sent le gâteau. Zoé est justement en train de sortir la tarte du four. Elle en profite pour humer la douce odeur de tarte sortant du four.

« Et voilà, je n'ai pas perdu la main ! dit-elle en souriant comme une enfant.

– Ça a l'air bon.

– C'est l'odeur qui t'a réveillé ? Tu semblais dormir tellement bien que je n'ai pas osé te réveiller.

– Je me suis assoupi un instant et puis hop ! »

Je m'assieds et la regarde découper deux morceaux de la tarte.

« Tu veux qu'on l'appelle ?

– Qui donc ?

– Mathieu voyons. Je sais que c'est son anniversaire et que c'est pour ça que tu as fais cette tarte. Une tarte aux pommes, hein ? C'est ce qui m'a mis la puce à l'oreille.

– C'est sa préférée... Il doit être occupé, je ne veux pas le déranger.

– Mais non, c'est vendredi, il doit sûrement avoir un peu de temps. Et puis on ne le dérangera pas longtemps. On va juste lui souhaiter un joyeux anniversaire ! dis-je en déverrouillant mon smartphone. En plus il est connecté ! ajoutais-je.

– Vraiment ? Appelle-le alors ! », dit-elle en se rapprochant de moi.

Ça bipe un moment, il ne décroche pas. On essaye une seconde fois, rien.

On attend cinq minutes avant de retenter, au cas où il serait sorti un instant, et on rappelle. Cette fois, il décroche.

« Allô ? Bonjour papa.

– Bonjour fiston, ça va ? On t'appelle juste pour…

– Joyeux anniversaire chééééri ! », s'empresse Zoé par-dessus mon épaule gauche.

J'entends Mathieu rire, je ris à mon tour.

« Oui, voilà, joyeux anniversaire fiston, c'est pour te dire que nous t'aimons et que nous pensons à toi.

– Tu nous manques !

– Vous me manquez aussi… Et merci de ne pas avoir oublié. Et désolé de ne pas vous avoir appelé souvent.

– Ce n'est rien, tu dois être occupé.

– Appelle-nous quand tu as le temps, OK ?

– Ça marche !

– On a fait une tarte aux pommes, tu t'en rappelles ? C'est ta préférée.

– Mhhhh, oui oui. Ça fait longtemps que je n'en ai pas mangé. Tiens je vais m'en acheter après.

– Sinon, ça va ?

– Oui, mais je dois vous laisser. Je vais sortir avec des amis.

– Pas de souci, vas-y. Nous sommes heureux de t'avoir eu au téléphone aujourd'hui ! dis-je.

– Moi aussi mes parents chéris ! Ah, et Marie m'a appelé, elle m'a dit qu'elle pourrait sûrement venir me voir d'ici peu. Elle n'a encore rien dit, mais vous la connaissez avec ses mystères.

– Quelle bonne nouvelle, appelez-nous quand vous serez ensemble, lança Zoé.

– Oui, maman ! Promis ! Bises !

– Bisous !

– Au revoir fiston. »

Quand il a raccroché, Zoé a pris un morceau de tarte et me l'a tendu. C'est bon, je suis heureux. On a eu notre fils au téléphone et on a pu lui souhaiter un joyeux anniversaire.

I open my eyes at least 20 seconds before the alarm rings. My name is Henri and I'm 50 years old. I have three children, Marie, Mathieu and Quentin, very intelligent children, of whom I am proud. The two elders left to continue their college studies abroad. Marie is in Germany and Mathieu in France. As for Quentin, the youngest, we do not know what he's planning to do, but for the moment he's gone off to live with a friend of his and we see him on weekends or when he's not at his classes. It's crazy how children grow up fast, time flies.

Zoe still sleeps. Without too much delay I get up and go to the bathroom to wash my face to remove the traces of the pillow. I wear a tank top and a shirt ; it is 6am in the morning. I find the towel under the mirror and I wipe my face with it.

I change before heading to the kitchen for breakfast. I hear Zoé getting up.

'You are early today.'

'Oh, I was no longer sleepy,' I say opening the fridge.

'We have red fruit cereals if you want, darling.'

'Mhhh, no it's good, I'm just going to eat crackers. Make us some coffee instead.'

'Yes, sir.' She said, hopping.

'You still have no news from the children?'

'No.'

'Marie? Mathieu, and Quentin?'

'They are probably busy. Quentin called last night when you were still at work. He will come on Sunday, he wants to introduce his girlfriend, Clemence.'

'Well, as I said time flies. Thinking that just a year ago we were dropping off Mathieu at the airport, and now Quentin has a girlfriend!"' I said with a little chuckle.

'We did well by taking this apartment, the house was way too big just for the two of us. Moreover, we have a friendly doorman.''

Yes, but Marcello is getting old, he has to rest and retire.'

'But he does not have a family, and it seems like his work is not so much tiring.'

The phone rings. Zoé hastens to see the name displayed on the screen. Disappointed she hands it to me, it is one of my friends calling.

'Good, I'm going to make a pie. I will go out shopping to buy the ingredients.'

'I'm going out for a walk.'

'We will go together then.'

'Okay. Let's get ready,' I said.

We had a quiet lunch, it was delicious, I really like lasagna, especially with mushrooms. In the early afternoon we watched a few soap operas and she continued watching her shows while I put on my glasses to read the newspapers.

'Good, I'll go make my pie. I do not want to start too late, I will be tired and I do not want to postpone it until tomorrow.' She said, standing up.

'Yes, I'm going to take a nap.'

'Wouldn't it better to sleep on the bed?'

'Oh no, the sofa is better, believe me.'

'If you say so.'

I do not know what time it is when I open my eyes; it is getting dark. I get up and go to the kitchen. It smells like pie, Zoe is just taking out the pie from the oven. She seizes the opportunity to smell the odor that the pie gives off.

'And here, I did not lose the knack!' she said, smiling like a child.

'It looks good.'

'Is it the smell that woke you up? You seemed to sleep so well that I did not dare to wake you up.'

'I fell asleep for a moment and then hop!'

I sat down and watched her cut out two pieces of the pie.

'Do you want to make a call?'

'Who?'

'Mathieu. I know it's his birthday and that's why you made this pie. An apple pie, huh?' That's what set me thinking she would like to call him.

'It's his favorite ... He must be busy, I do not want to disturb him.'

'But no, it's Friday, he must surely have some time. And then we will not disturb him for a long time. We're just going to wish him a happy birthday!' I say unlocking my smartphone.

'In addition he is connected!' I added.

'Really? Call him then!' she said, coming closer to me.

It beeps for a moment, he does not pick up. We try a second time, nothing.

We wait five minutes before retrying in case it takes a moment and we call back. This time he picks up.

'Allo? Hello, Dad.'

'Hello son, how are you? We call you for...'

' Happy birthday honeeeeeey.' says Zoé over my left shoulder. I hear Mathieu laughing, I laugh in turn.

'Yes, voilà, happy birthday son, we love you.'

'We miss you!'

'I miss you too... And thank you for not having forgotten. And sorry for not calling you often.'

'It's nothing, you must be busy.'

'Well call us when you have time. OK?'

'I'll do it !'

'We did an apple pie, remember? It's your favorite.'

'Mhhhh, yes yes. I have not eaten it for a long time. Maybe I'll buy some after.'

'Then, how are you doing?'

'Good, but I have to leave. I am going out with friends.'

'No worries, go ahead. We are happy we could talk to you today !'

'So did I, my dear parents! Ah, and Marie called me, she told me she could probably come and see me. She has not said anything yet but, you know, her and her mysteries.'

'That's good news, call us then,' said Zoé.

'Yes mom! Promised! Hugs!'

'Kisses!'

'-See you, son.'

When he hung up Zoe took a piece of pie and handed it to me. 'It's good, I'm happy, we had our son on the phone and we could wish him a happy birthday.'

Sommaire

Henri a 50 ans. Il habite avec sa femme Zoé dans un petit appartement après que ses enfants soient tous partis. Ce jour là, il se lève à 6h du matin. C'est un jour comme les autres, il se douche et descend pour prendre son petit déjeuner. Zoé le rejoint, ils passent une journée comme les autres et Zoé décide de faire une tarte aux pommes, ce qui surprend Henri, étant donné qu'elle a arrêté d'en faire depuis trois ans. En effet, Henri se doute qu'elle fait cette tarte à l'occasion de l'anniversaire de leur fils Mathieu. Ils réussissent à l'avoir au téléphone et peuvent lui souhaiter un joyeux anniversaire comme il faut.

Summary

Henri is 50 years old. He lives with his wife, Zoe, in a small apartment after his children are all gone. That day, he gets up at 6 am. It is a day like the others, he showers and goes down to have breakfast. Zoe joins him. They spend an ordinary day and Zoe decides to make an apple pie, which surprises Henri since it has been 3 years that she stopped doing it. Indeed, Henri suspected that the reason she had made this pie was for the occasion of the birthday of their son Mathieu. They get him on the phone and wish him a happy birthday.

Vocabulaire / Vocabulary

secondes - seconds

réveil - alarm

fier - proud

aînés - elders

coloc' – shared appartment

c'est fou - it's crazy

serviette - towel

miroir - mirror

la cuisine - kitchen

petit déjeuner - breakfast

salle de bain - bathroom

oreiller - pillow

débardeur - tank top

short - shorts

sommeil - sleep

céréales - cereal

dimanche - Sunday

sympathique - nice

retraite - retirement

écran - screen

tarte aux pommes - apple pie

champignons - mushrooms

une sieste - a nap

morceau - piece

canapé - sofa

joyeux anniversaire – happy birthday

Questions

1 - Comment s'appelle le monsieur de l'histoire ?

a. Henri

b. François

c. Carl

d. Damien

2 - Qui est Zoé ?

a. La mère d'Henri

b. La sœur d'Henri

c. La femme d'Henri

d. La cousine d'Henri

3 - Quel âge a Henri ?

a. Henri a 60 ans.

b. Henri a 45 ans.

c. Henri a 52 ans.

d. Henri a 50 ans.

4 - Combien d'enfants a Henri ?

a. Henri a trois enfants.

b. Henri n'a pas d'enfant.

c. Henri a deux enfants.

d. Henri a six enfants.

5 - Que porte Henri ?

a. Une chemise et un jean

b. Un débardeur et un short

c. Un capuchon et un short

d. Un pyjama satin

6 - Qu'est-ce qu'Henri veut manger au petit déjeuner ?

7 – Quelle tarte veut préparer Zoé ?

8 - Qu'est-ce qu'Henri et Zoé ont mangé pour le déjeuner ?

9 - Qui a appelé sur le portable d'Henri ?

10 - Pourquoi Zoé a-t-elle fait une tarte aux pommes ?

Questions

1-What is the name of the gentleman of the story?

a- Henri

b-Francois

c-Carl

d-Damien

2-Who is Zoe?

a-Henri's mother

b-Henri's sister

c-Henri's wife

d-Henri's cousin

3-How old is Henri?

a-Henri is 60 years old

b-Henri is 45 years old

c-Henri is 52 years old

d-Henri is 50 years old

4-How many children does Henri have?

a-Henri has three children

b-Henri does not have any children

c-Henri has two children

d-Henri has six children

5-What's Henri wearing?

a- a shirt and jeans

b-tank top and shorts

c-a hood and shorts

d-satin pajamas

6-What does Henri want to eat for breakfast?

7-What tart does Zoe want to cook?

8-What did Henri and Zoe eat for lunch?

9-Who called on Messenger on Henri's laptop?

10-Why did Zoé make an apple pie?

Réponses

1 - a

2 - c

3 - d

4 - a

5 - b

6 - Henri veut des biscottes et du café.

7 - Zoé veut faire une tarte aux pommes.

8 - Henri et Zoé ont mangé des lasagnes aux champignons pour le déjeuner.

9 - C'est un ami d'Henri qui l'a appelé.

10 - Zoé a fait une tarte aux pommes parce que c'est l'anniversaire de Mathieu aujourd'hui.

Answers

1-a

2-c

3-d

4-a

5-b

6-Henry wants rusks and coffee.

7-Zoe wants to prepare an apple pie.

8-Henri and Zoé ate mushroom lasagna during lunch.

9-It's a friend of Henri who called on Messenger.

10-Zoe made an apple pie because it's Mathieu's birthday today.

Chapter 6 – L'anniversaire de Zack

Zack et moi sommes devenus de très bons amis. Cela va faire un an que je suis arrivé à Toulouse et depuis, je suis plus heureux que jamais. Bien sûr ma vie n'a rien d'extraordinaire, mais j'aime ce que je suis devenu. Nous venons de clôturer la période des examens et nous sommes maintenant en vacances.

Mes cheveux sont plus longs, je peux les attacher maintenant. Je ne suis plus aussi maigre qu'avant, vu que je fais un peu plus de sport et que je mange mieux. Nous sommes aujourd'hui le quatre juillet et Zack fête ses vingt-et-un ans. Il veut organiser une petite fête entre amis. J'ai pu faire la connaissance de beaucoup de ses amis depuis et ils sont tous très sympas.

« Alors, tu comptes faire quoi aujourd'hui ? je lui demande.

– Mhhh, finalement, il n'y aura pas de fête.

– Pourquoi ça ? Tu en parles tous les jours depuis une semaine.

– Oui, mais finalement je n'ai pas besoin d'une grosse fête, juste une sortie sympa entre amis. Et juste les amis proches. Oui, tu *es* invité.

– Ça me touche, je ne sais pas quoi dire… merci mec ! »

Je lui fais une petite tape sur l'épaule.

Honnêtement, ça m'a touché. Je n'ai jamais eu beaucoup d'amis et savoir que Zack me considère comme un ami proche me fait très plaisir.

« Et j'ai une autre surprise...

– Mais c'est mon anniversaire aujourd'hui ou le tien ? Qu'est-ce que c'est ?

– C'est une surprise, je te dis. Tu verras là-bas.

– Mais où est-ce qu'on va ?

– Il y a un petit resto sympa en ville. Jean passera nous prendre en début de soirée. »

Jean est un ami d'enfance de Zack. Il vit seul et va à l'université à Paris. Il est passé à Toulouse exprès pour l'anniversaire de Zack et dort à l'hôtel.

Je me dirige vers le canapé et m'y allonge. Je vais juste fermer les yeux une minute avant de me préparer à sortir.

Quand je réouvre les yeux, le soleil était en train de se coucher. Je farfouille pour trouver mon téléphone, le trouvant coincé sous un oreiller du canapé.

Dix neuf heures.

« Oh, non! »

Je me lève. Mon corps protestait, j'étais encore endormi.

Je me suis préparé en moins de dix minutes : juste le temps d'arranger mes cheveux, de passer de l'eau fraîche sur mon visage et de me changer. Je regarde ma montre pour voir l'heure. Zack n'est toujours pas là... ou est-ce moi qui ai mal compris l'heure à laquelle Jean doit passer ?

A peine cette réflexion faite, le voilà qui entre.

« Tu es déjà prêt ? Tu dormais comme un bébé, je n'ai pas osé te réveiller. Jean est en route, il sera là dans dix minutes.

– Et ma surprise ? Tu vas me le dire maintenant ?

– Patience, patience ! »

Il me fit un clin d'œil.

Nous nous sommes garés dans le parking d'un restaurant chinois assez chic. Nous étions cinq, dont Zack et sa copine Léa, Jean et sa petite amie Carole, et moi. Jean et Carole étaient des camarades de classe de Zack au lycée. Ils sortent ensemble depuis la classe de terminale. Nous étions tous là, alors qu'attendions-nous ?

« OK, on attend quoi maintenant ? Nous sommes tous là, non ? Est-ce qu'on attend encore quelqu'un ? »

Zack regarda sa montre et fronça les sourcils.

« Eh bien, soit elle est en retard, soit elle m'a fait faux bond, dit-il nerveusement.

– De qui parles-tu ? » demandai-je

Jean et Léa se regardaient. Je pouvais voir les sourires qu'ils cachaient maladroitement sur leurs visages. Qu'est-ce qu'ils mijotaient ?

Zack regarde derrière moi, vers la rue, et lâcha un soupir de soulagement.

« Voilà ta surprise qui arrive ! » dit-il tout en gloussant.

J'ai failli m'esclaffer en me retournant et en voyant de loin la petite brune avec une robe fleurie et des escarpins marrons. C'était Bella.

« Je n'arrive pas à croire que tu l'ai invité ! dis-je en me retournant vers lui.

– Hahaha ! Depuis le temps que tu me parles d'elle, j'ai décidé de lui parler et de lui proposer de nous rejoinder ce soir.

– Et elle a accepté ?

– Bien sûr que non ! Au début en tout cas. J'ai insister un peu avant qu'elle n'accepte. Une vraie antisociale ! Vous allez très bien ensemble, dit-il en rigolant.

– J'y crois pas ! T'as intérêt à ce qu'elle ne se fiche pas de moi.

– Mais non, tais-toi, elle arrive.

– Bonsoir, je suis en retard, désolée, dit-elle.

– Quelles bonnes manières ! », je réplique.

Il m'a fallu quelques secondes avant de me rendre compte de ce que je venais de dire. Elle me foudroyait du regard.

« Oh, je me suis excusé, monsieur fast-food. »

J'étais à la fois choqué et heureux. Elle me reconnaissait. J'aurais préféré qu'elle se souvienne de moi en dehors de mon job au fast-food, mais quand même !

« Désolé, il n'a pas l'habitude de parler à des filles !

– Mais…

– Ne l'écoute pas, merci d'être venue.

– Je n'avais pas vraiment le choix. Je ne veux surtout pas gâcher ta fête. »

Pendant que notre groupe rentrait dans le restaurant, moi et Bella étions derrière, marchant côte à côte sans parler.

« Au fait, Zack m'a dit que tu me surnommais Bella. », lança-t-elle.

Cet imbécile, je vais le tuer. l lui a sûrement tout raconté. Je restais silencieux. Elle s'est tournée vers moi, elle était maquillée.

« Bella est flatteur comme surnom, mais je m'appelle Laura. »

Je lui tendis la main.

« Enchanté, Laura. »

Et elle serra ma main sans rien dire.

Zack and I became very good friends. It will be soon be a year since I arrived in Toulouse and I am happier than ever. Of course my life is not extraordinary, but I like what I have become. We just finished the exam periods and we are now on holidays.

I let my hair grow a little bit so I can tie it up. I'm not as skinny as I used to be because I do more exercise than before and I eat healthier. It's July 4th and Zack is turning 21 today. He wants to throw party for his birthday. I've met a lot of his friends and they are all nice.

'So, what are you going to do today?' I asked.

'Mhhh, there will be no party.'

'What, why? You've been talking about it for days.'

'Yes but I do not want a big party anymore, just a nice evening out with friends. Just close friends. And yes, you are invited.'

'It's really nice of you, I do not know what to say ... thanks, dude!' I give him a pat on the shoulder.

Honestly, I appreciated this, I never had many friends and to know that Zack considers me a close friend represented something to me. I am happy.

'And I have another surprise for you.'

'Is this my birthday or yours? What is it?'

'I told you it's a surprise. You will see there.'

'But where are we going?'

'There is a nice little restaurant in town. Jean will take us there in the early evening.'

Jean is a childhood friend of Zack's. He lives alone and goes to the University of Paris. He went to Toulouse especially for Zack's birthday, he sleeps at the hotel.

I laid down on the couch. I just wanted to close my eyes for a minute before getting ready to go out.

When I opened my eyes again, it was getting dark. I looked around for my phone, finding it stuck under a pillow.

7pm.

"Oh, no," I said.

I'm standing up. My body protested, I still fell asleep.

I prepared myself in ten minutes, just enough time to arrange my hair, put cool water on my face and change. I looked up the time on my watch. Zack was still not there… did I misunderstand the time Jean was supposed to come pick us up?

While thinking about it, Zach comes in.

'Are you ready? You slept like a baby, I did not want to wake you up. Jean is on his way he will be there in ten minutes.'

'What about my surprise? Are you going to tell me now?'

'Patience, patience!'

He winked at me.

We parked in the car park of a chic Chinese restaurant. There were five of us including Zack and his girlfriend Lea, Jean and his girlfriend Carole and me. Jean and Carole were Zack's classmates in high school. They were dating since senior year. We were all there, so what were we waiting for?

'Ok, what are we doing now? We are all here, right? Or are we still waiting for someone?'

Zack looked at his watch and frowned.

-Well, she's either late or failed me.' he said nervously.

'Who are you talking about ?' I asked.

Jean and Leah were looking at each other, I could see the smiles they clumsily hid on their faces. What was happening?

Zack looks behind me towards the street and lets out a sigh of relief.

'Here is your surprise,' he said to me while giggling.

I turned around and almost laughed while seeing the little brunette with a flowery dress and brown pumps from afar. It was Bella.

'I can not believe you invited her to your birthday!' I say, turning to him.

'Hahaha! Since you told to me about her I decided to meet her and ask her to come tonight.'

'And she accepted?'

'Of course not at first. I had to insist a little before she accepted. A real antisocial! You will get along very well together,' he said laughing.

'I can't believe it ! I hope for you she will not make fun of me.'

'Shut up, she's coming.'

'Good evening, I'm late, sorry,' she says.

'What good manners!' I said.

It took me a few seconds to realize what I had just said as she glared at me.

'Oh, I just apologized, Mr. Fast Food.'

I was both shocked and happy. She knew me. I wish she remembered me outside of my job at a fast food, but still, she knew me!

'Sorry, he's not used to talk to girls!'

'But…'

'Do not listen to him, thank you for coming.'

'I did not really have a choice. I did not want to ruin your party.'

As our group entered the restaurant, Bella and I were walking behind, side by side, without speaking.

'Actually, Zack told me that you nicknamed me Bella,' she said.

This idiot, I'm going to kill him. He probably told her everything. I stayed silent. She turned to me. She was wearing makeup.

'Bella is flattering as a nickname but my name is Laura.'

I held out my hand.

'Nice to meet you, Laura.'

And she squeezed my hand without saying anything.

Résumé

Ça va faire un an que Mathieu est en France et depuis, lui et Zack sont devenus inséparables. Aujourd'hui, c'est l'anniversaire de Zack, et ce dernier veut faire une petite fête à l'occasion de ses vingt-et-un ans. Mathieu est touché quand Zack lui dit qu'il n'invite que ses amis proches et que Mathieu est invité à sa fête. Il lui annonce aussi qu'il y aura une surprise pour lui à cette fête. Ils partent pour le restaurant en début de soirée et Jean, un ami de Zack, passe les prendre chez eux. Arrivés à destination, ils attendent encore dehors et Mathieu se demande se qu'il se passe lorsqu'il voit arriver Bella, la fille dont il est amoureux. Surpris, il est sous le choc, c'est une bien bonne surprise !

Summary

It's been a year since Mathieu was in France and since then, he and Zack have become inseparable. Today is Zack's birthday and he wants to have a little party on the occasion of his 21 years. Mathieu appreciates a lot that Zack tells him that he only invites his close friends and that Mathieu is invited to his party. He also announces that there will be a surprise for him at this party. They leave for the restaurant in the early evening and Jean, a friend of Zack, picked them up from their place. Having arrived at their destination, they are still waiting outside and Mathieu wonders what happens when he sees Bella, the girl he is in love with. Surprised, he is shocked, it's a very good surprise!

Vocabulaire / Vocabulary

très bons amis - very good friends

clôturer - to end/to close/to finish

périodes d'examens - exams period

faire la connaissance de - to get to know

sortie - going out

anniversaire - birthday

ami d'enfance - childhood friend

coucher de soleil - sunset

montre - watch

réflexion - reflection

restaurant chinois - Chinese restaurant

camarades de classe - classmates

faire faux bond – to welsh / to let sb down

maladroitement – awkwardly/clumsily

surnommer - to give someone a nickname

flatteur - flattering

Questions

1 - Combien de temps Mathieu reste-il en France ?

a. Un an

b. Deux ans

c. Trois mois

d. Quelques semaines

2 - Quelle est la date de l'anniversaire de Zack ?

a. 24 avril

b. 21 juillet

c. 14 juillet

d. 4 juillet

3 - Quel âge a Zack ?

a. Zack a dix-neuf ans.

b. Zack a vingt-et-un ans.

c. Zack a trente ans.

d. Zack a vingt-deux ans.

4 - Où vont-ils aller pour l'anniversaire de Zack ?

a. Dans un bar

b. Dans une boîte de nuit

c. Au cinéma

d. Au restaurant

5 - Qui est Jean ?

a. Jean est l'ami d'enfance de Zack.

b. Jean est le colocataire de Zack.

c. Jean est le cousin de Zack.

d. Jean est le père de Zack.

6 - Qui va passer les chercher en voiture en début de soirée ?

7 - Qui est invité à la sortie de Zack ?

8 - Qui est Carole ?

9 - Dans quel genre de restaurant vont Mathieu et ses amis ?

10 - Qui est l'invitée surprise de Zack ?

Questions

1-How long does Mathieu stay in France?

a-One year

b-Two years

c-Three months

a few weeks

2-What is the date of Zack's birthday?

a-24th of April

b-21 July

July 14th

d-4 July

3-How old is Zack?

a-Zack is 19 years old

b-Zack is 21 years old

c-Zack is 30 years old

d-Zack is 22 years old

4-Where will they go for Zack's birthday?

a-In a bar

b-In a nightclub

c-To the cinema

d- to the restaurant

5-Who is Jean?

a-Jean is Zack's childhood friend

b-Jean is the roommate of Zack

c-Jean is Zack's cousin

d-Jean is Zack's father

6-Who will pick them up by car in the early evening?

7-Who are invited to the party of Zack?

8-Who is Carole?

9-In what kind of restaurant are Mathieu and his friends going?

10-Who is Zack's surprise guest?

Réponses

1 - a

2 - d

3 - b

4 - d

5 - a

6 - C'est Jean qui passe les prendre en voiture en début de soirée.

7 - Seuls les amis proches de Zack sont invités à son anniversaire.

8 - Carole est la petite amie de Jean, et une amie de Zack.

9 - Mathieu et ses amis vont dans un restaurant chinois.

10 - L'invitée surprise de Zack est Bella.

Answers

1-a

2d

3-b

4-d

5-a

6-It's Jean who is picking them up in the early evening.

7-Only friends close to Zack are invited to his birthday.

8-Carole is Jean's girlfriend and a friend of Zack.

9-Mathieu and his friends go to a Chinese restaurant.

10-The surprise guest of Zack is Bella.

Chapter 7 – Une panne de voiture

Vers dix heures, je quitte le travail et je m'arrête devant l'appartement de Laura. Elle ne vit qu'à quelques pâtés de maisons de chez moi. Ce n'était pas difficile de trouver. Elle se tient sur le trottoir, vêtue d'un jean et d'un t-shirt. Ses cheveux sont tirés en queue de cheval. Cette fois-ci, elle ne porte pas de maquillage. Je me rends compte qu'elle a des taches de rousseur, comme moi. C'est mignon.

« Tu es en retard. », me dit-elle en ouvrant la porte passager. Elle affiche une mine renfrognée.

« Juste de quelques minutes, dis-je.

– Quelles bonnes manières! », dit-elle. C'est exactement ce que je lui avais dit la première fois que nous nous étions rencontrés. Je lui souris.

« Touché. », dis-je. Elle entre dans la voiture et met sa ceinture.

Nous sommes silencieux pendant un moment, avec seulement la radio pour briser le silence. La voix féminine du GPS interrompt la chanson de temps en temps.

« Qu'est-ce que tu fais dans la vie ? je lui demande finalement.

– Je suis juriste, étudiante pour le moment. », répond-t-elle.

J'hoche la tête. Elle ressemble plutôt au type qui préfère travailler avec des nombres.

« Et toi ? », demande-t-elle.

Je jette un coup d'œil dans le rétroviseur et change de voie. La voiture fait un bruit de étrange, je fronce les sourcils en regardant sur le tableau de bord.

« Je suis en communication. », dis-je.

Elle hausse les épaules sans réponse. Nous sommes à un feu rouge.

La feu passe au vert, je redémarre la voiture. Il faut un moment pour qu'elle se lance, je fronce d'autant plus les sourcils. Je retente une deuxième fois, au cas où. La voiture vrombit, le moteur coupe pendant une seconde avant de rugir.

« Woah. », dis-je. Ça recommence. Le volant frémit dans mes mains. Un autre bruit sourd et la voiture est foutue. Je tourne les roues et la guide sur le bord de la route. Je m'arrête lentement.

« Qu'est-ce qui ne va pas ? interroge Laura.

– Je ne sais pas. Tire sur le levier du capot, tu veux bien ? C'est en dessous de la boîte à gants. »

Laura se penche en avant. Je sors de la voiture et j'entends le capot s'ouvrir lorsqu'elle trouve le levier. J'ouvre le capot et je regarde l'état du moteur.

« Tu vois quelque chose? », demande-t-elle en sortant de la voiture.

Je secoue la tête.

« Je ne connais que les bases. Je vais devoir appeler quelqu'un. »

Elle lève les yeux au ciel.

« Fantastique. », dit-elle avec sarcasme. Je sors mon téléphone et je téléphone aux services d'urgence.

Laura s'appuie contre la voiture. Je referme le capot et la rejoins. Nous regardons les voitures passer devant nous sans vraiment les regarder. Je sors de ma poche un paquet de cigarettes et j'en allume une.

Laura fronce les sourcils.

« Tu fumes ? »

« De temps en temps. Quand les choses sont stressantes. Quand je m'ennuie. Ou quand ça me dit. »

J'inhale profondément. La fumée remplit mes poumons. Je m'éloigne de Laura pour expirer.

« Crois-tu au mariage, Mathieu ? », me demande-t-elle tout d'un coup.

Je suis un peu surpris par sa question.

« Eh bien… Je pense que le mariage cause beaucoup de problèmes. Des problèmes qui auraient pu rester loin. La vie de couple est géniale, bien sûr, mais le mariage ? Je ne sais pas. »

Je lui lance un clin d'œil. Ce n'est pas du tout la personne que j'ai rencontré à l'anniversaire de Zack. Celle-ci est douce, gentille et réfléchie. OK, elle pense beaucoup. Mais elle n'est pas agaçante du tout.

« Pourquoi ne crois-tu pas au mariage ? », demande-t-elle.

Je hausse les épaules et reprends ma cigarette. J'expire la fumée et fais tomber la cendre.

« Je ne sais pas. Je pense que je croirai au marriage le jour où je rencontrerai quelqu'un qui en vaut la peine, avec qui je voudrais passer ma vie. Je n'ai pas encore trouvé cette personne, tu vois ? »

I took off from work and stopped in front of Laura's apartment around 10pm. She lived only a few blocks away from my house. It wasn't hard to find at all. She stood on the sidewalk, dressed in jeans and a t-shirt. Her hair was pulled back in a ponytail. She was not wearing makeup this time. I noticed she had freckles, just like me. I find it cute.

"You're late," she said while opening the passenger door. She looked grumpy.

"Only of a couple of minutes," I said.

"What good manners!" she said. It was exactly what I'd told her the first time I've met her. I grinned at her.

"*Touché*," I answered. She got into the car and put her seatbelt on.

We drove in silence for a while, with just the radio to break the silence. The female voice on the GPS was the interrupting the tune every now and then.

"So, what do you do?" I finally asked.

"I'm a lawyer, still studying," she said.

I nodded. She looked like the type that would rather work with numbers.

"What about you?" she asked.

I glanced in the rearview mirror and changed lanes for the upcoming turn. The car made a scraping sound and I frowned, looking confused at the dashboard.

"I'm studying communications," I said.

The car spluttered and the engine cut for a second before roaring.

"Woah," I said. Not again. The steering wheel shuddered in my hands. One more muffled sound and the car died. I turned the wheel and pulled onto the emergency lane of the road while the car still rolled. I stopped the car slowly.

"What's wrong?" Laura asked.

"I don't know. Could you please pull the lever for the hood? It's below the glove compartment."

Laura leaned forward. I got out of the car and heard the hood click open as she found the lever. I opened the hood and looked at the engine.

"Can you see anything?" Laura asked, getting out of the car too.

I shook my head. "I only know the basics. I'm going to have to call someone."

Laura rolled her eyes and turned around.

"This is just *fantastic*," she said sarcastically. I pulled out my phone and dialed emergency services.

Laura leaned against the car. I closed the hood again and joined her. We watched cars passing by without really watching anything. I fished in my pocket for a pack of cigarettes and lit one up.

Laura frowned at me. "Do you smoke?"

I shrugged. "Here and there. When things are stressful. Or if I'm bored. Or if I feel like it." I inhaled deeply. Smoke filled my lungs. I exhaled away from Laura.

"Do you believe in marriage, Mathieu?" she asked out of the blue.

I am surprised by her question.

"Well… I believe marriage brings a lot of problems. Problems that could have been avoided. Being in a relationship is great, of course, but marriage? I don't know about that."

I wink at her. She wasn't the girl I'd met at Zach's party at all. She was sweet, kind and thoughtful. Sure, she overthinks stuff. But she doesn't sound annoying at all.

"Why don't you believe in marriage?" she asked.

I shrugged, pulling on my cigarette again. I blew out the smoke and tapped off the ash.

"I don't know. I guess I'll believe in it one I'll meet someone who's really worth it, someone I would want to spend the rest of my life with. I haven't found anyone like that yet, you see?"

Sommaire

Mathieu a pu rencontrer Laura à l'anniversaire de son ami Zack, et depuis, il a réussi à avoir un rendez-vous avec elle. Lorsqu'il vient la chercher chez elle après le travail, elle semble différente de la fille qu'il a rencontrée à la fête : elle est moins maquillée et a un tout autre caractère. Lorsqu'ils discutent dans la voiture, le moteur commence à émettre d'étranges bruits ; après un moment, ils tombent en panne. Quelle poisse pour un premier rendez-vous ! Mais finalement, bien que le rendez-vous soit gâché, Mathieu a l'occasion de parler avec Laura et d'en apprendre plus sur elle, ce qui n'est pas si mauvais tout compte fait.

Summary

Mathieu has just met Laura on Zack's birthday party and since then, he managed to have a date with her. When he picks her up from her place, she looks different from the one he met at the party: less makeup and a different personality. When they talk in the car, the engine starts making strange noises, after a while, it breaks down. What bad luck for a first date. But finally, although the date is ruined, Mathieu has the opportunity to talk with Laura and learn more about her, which is not so bad all things considered.

Vocabulaire / Vocabulary

travail - work

appartement - apartment

pâtés de maisons - blocks

trottoir - sidewalk

queue de cheval - ponytail

maquillage - make up

taches de rousseur - freckles

voiture - car

ceinture - seatbelt

radio - radio

GPS - GPS

cartographe - cartographer

rétroviseur - rearview mirror

virage - turn

moteur - engine

rugir - roaring on

roues - wheels

levier - leaver

capot - hood

sarcastiquement - sacarstically

paquet de cigarettes - pack of cigarettes

clin d'œil – wink of an eye

fumée - smoke

cendres - ashes

Questions

1 - Comment s'appellent les personnages de l'histoire ?

a. Les personnages s'appellent Mathieu et Laura.

b. Les personnages s'appellent Marc et Laura.

c. Les personnages s'appellent Mathieu et Clara.

2 - Quelle heure est-il quand Mathieu passe chercher Laura ?

a. Il est 11 heures.

b. Il est 10 heures.

b. Il est 15 heures.

3 - Quels vêtements portait Laura ?

a. Laura portait un jean et un capuchon.

b. Laura portait un jean et un t-shirt.

c. Laura portait une robe.

4 - Que fait Laura dans la vie ?

a. Laura est danseuse.

b. Laura est écrivain.

c. Laura est cartographe.

d. Laura est juriste.

5 - Que fait Mathieu dans la vie ?

a. Mathieu est étudiant en communication.

b. Mathieu est cartographe.

c. Mathieu est enseignant.

6 - Que se passe-t-il en chemin ?

7 - Que fait Mathieu quand il est stressé ?

8 - Que font Mathieu et Laura en attendant la dépanneuse ?

9 - Que penses Mathieu de Laura ?

10 - Pourquoi Mathieu ne croit-il pas au mariage ?

Questions

1-What are the names of the characters in the story?

a-The characters are called Mathieu and Laura

b-The characters are called Marc and Laura

c-The characters are called Mathieu and Clara

2-What time is it when Mathieu picks up Laura?

a-It is 11 am

b-It is 10 o'clock

b-It is 3 pm

3-What clothes is Laura wearing?

a-Laura was wearing jeans and a hoodie

b-Laura was wearing jeans and a t-shirt

c-Laura wore a dress

4-What does Laura do in life?

a-Laura is a dancer

b-Laura is a writer

c-Laura is a cartographer

d-Laura is a lawyer

5-What does Mathieu do in life?

a- Mathieu is studying communications

b- Mathieu is a cartographer

c- Mathieu is teaching

6-What's happening on the way?

7-What does Mathieu do when he is stressed?

8-What are Mathieu and Laura doing while waiting for the tow truck?

9-What does Mathieu think about Laura?

10-Why does Mathieu not believe in marriage?

Réponses

1 - a

2 - b

3 - b

4 - d

5 - a

6 - La voiture tombe en panne en chemin.

7 - Mathieu fume quand il est stressé.

8 - Mathieu et Laura parlent pendant qu'ils attendent la dépanneuse.

9 - Mathieu pense que Laura est douce, gentille et réfléchie. Elle pense beaucoup.

10 - Mathieu ne sait pas pourquoi. Il suppose que si c'est pour passer sa vie avec quelqu'un, il veut que ce soit avec quelqu'un qui en vaut la peine. Il n'a pas encore rencontré une telle personne.

Answers

1-a

2-b

3-b

4-d

5-a

5-Mathieu is in communications

6-The car breaks down on the way

7-Mathieu smokes when he is stressed

8-Mathieu and Laura talk as they wait for the wrecker.

9-Mathieu thinks Laura was sweet, kind and thoughtful. She thought a lot about things.

10-Mathieu does not know why. He assumes that if it's to spend his life with someone, he wants it to be with someone who is worth it. He has not met such a person yet.

Chapter 8 – Joyeuse fête

Je m'appelle Zoé et j'ai quarante-cinq ans. Depuis plusieurs mois, je rentre en retard du travail – trop de boulot ! Il fait nuit quand j'arrive enfin chez moi. Je monte les escaliers pour mon appartement et mes doigts froids cherchent clés. Henri m'a envoyé un message pour me dire qu'il sera lui aussi un peu en retard. Il devrait bientôt arriver. La porte s'ouvre et je cherche l'interrupteur en tâtonnant le mur.

Quand la lumière s'allume, je ne peux que voir la table du salon inondée de roses rouges. J'observe la scène. Les roses coûtent extrêmement chères. Qui pourrait se permettre ça ? Je ne connais personne qui gagne assez pour dépenser autant pour moi.

Il y a une note près des roses. Je la déplie et la lis.

Des excuses pour chaque rose.

D'un coup, je suis furieuse. Qui cela peut-être ? Comment est-ce qu'il ou elle sait où je vis ? Qui l'a laissé entrer chez moi ?

Je suis furieuse. Je prends mon téléphone et je compose le numéro de Marcello, le portier. Je me retourne et je quitte mon appartement en claquant la porte derrière moi. Je descends les marches jusqu'à l'entrée dans le hall.

« Marcello ! », crie-je, en marchant vers la réception. Il est le portier de l'immeuble depuis très longtemps et je lui fais confiance. Ou du moins, jusqu'à aujourd'hui. Je devrais peut-être y repenser.

« Qui êtes-vous pour laisser entrer des étrangers dans mon appartement ?

– Désolé, Madame Zoé, me dit-il.

« 'Désolé' ne va pas suffire. Et si c'était un tueur en série ?

– Avec des roses ? », s'interloque Marcello.

Je n'arrive pas à croire ce que j'entends.

« Vous ne pouvez pas laisser monter n'importe qui chez nous, surtout quand je ne suis pas à la maison. C'est réservé aux urgences. C'est dans mon contrat de location. »

Marcello hoche la tête.

« Je sais. Mais l'argent est plus fort qu'un contrat »

Je secoue la tête, encore plus énervée.

« On vous a soudoyé ? Où est votre dignité, monsieur, votre éthique professionnelle ?»

Marcello hausse les épaules.

« J'avais besoin d'argent. Ils m'ont donné une bien belle somme. »

De la fumée doit me sortir par les oreilles tant je suis furieuse.

« Vous ne pouvez pas juger les gens en fonction de combien ils sont prêts à vous donner.

– Mais vous pouvez le faire en fonction de la façon dont ils vous traitent. », déclare une voix derrière moi qui me fige sur placce.

Marcello regarde par-dessus mon épaule et sourit.

« Vous êtes de retour », dit Marcello.

Je me retourne lentement. Un jeune homme aux cheveux châtains, le teint pâle, et une jeune fille à la taille fine portant une robe fleurie, avec des boucles brunes et quelques taches de rousseurs sur son visage, se tiennent derrière moi et sourient. Mathieu et Marie !

« Que faites-vous ici ? je m'exclame, surprise.

– Quelle façon d'accueillir tes chères enfants, maman ! s'exclaffe le jeune homme.

– Joyeuse fête, maman, ajoute la jeune fille. Désolée de ne pas être venus pour les fêtes.

– Tu veux bien nous pardonner ? J'espère que tu ne nous fais pas la tête.

– Ou bien tu veux qu'on s'excuse de nouveau ?

– Vous l'avez déjà fait avec cette pluie de roses », je leur réponds en les prenant dans mes bras pour les embrasser.

Je prends une profonde inspiration, soulagée de la tournure des événements.

« Bon. Excuses acceptées. Vous venez en haut ? je demande. Nous n'avons pas beaucoup de place, mais nous avons du bon café. »

Ils sourient et hochent la tête. Je leur prends la main et nous montons les escaliers.

Je regarde par-dessus mon épaule vers Marcello.

« Ça ne veut pas dire que vous pouvez laisser des gens monter chez nous simplement parce qu'ils vous paient bien. Même s'ils ont des centaines de roses, dis-je. Juste pour cette fois... car ce sont mes enfants et qu'aujourd'hui, c'est la fête des mères ! »

My name is Zoe and I am 45. It's been a few months now that I come home late from work... I have way too much work. It's already dark when I get home. I climbed the stairs for my apartment and I look for the keys with my cold fingers. Henri sent me a message to tell me that he would also be late. He must be on his way home. The door swung open and I search for the light switch.

When the light turned on, I can only see my living room table, filled with red roses. I stared at the roses. I turned around and around.

Roses are expensive. Who could do something like this? I couldn't think of anyone that made enough money to spend this much on me.

There was a folded note on the table. I walked to it and picked up the note, unfolding it.

An apology for every rose.

I am suddenly furious. Who could it be? How the hell did they know where I lived? And who had let him or her in?

I turned around and left my apartment, slamming the door behind me.

I stormed down the stairs to the lobby.

"Marcello!" I shouted, walking to the front desk. He had been the doorman since I'd moved in here and I trusted him. Or at least, until today. I might have to rethink that.

"Who are you to let strangers enter my apartment?"

"I'm sorry, Madam Zoé," he said .

"Sorry isn't enough. What if it was a serial killer?"

"With roses?" Marcello asked.

I can't believe what I hear. "You can't just let anyone enter, especially when I'm not home. Only for emergencies. It's on my lease."

Marcello nodded. "I know. But money speaks louder than a lease…"

I shook my head, angrier than ever. "They bribed you? Where is your dignity, mister, your work ethic?"

Marcello shrugged. "I needed money. They gave me even more than I would have already accepted."

I shook my head. "You can't make hasty judgments on people based on how much they're willing to pay you."

"But you can do it based on how they treat you," a voice said behind me and I froze. Marcello looked over my shoulder and smiled.

"You are back." he said.

I turned around slowly. A young man with light brown hair, pale skin, and a light-haired girl wearing a flowery dress, with brown curls and a few freckles on her face were standing behind me, smiling. Mathieu and Marie!

"What are you doing here?" I asked.

"Is that how you're supposed to welcome your dear kids?" said the young man.

"Happy Mother's Day," the girl added. "Sorry for not being there during the holidays."

"Could you forgive us? I hope you're not mad?"

"Or do you want us to apologize again?"

"You already did it with this thousand of roses," I smiled and hugged them.

I took a deep breath, relieved that everything turned out fine.

"Okay," I said. "Apology accepted." I smiled. "Let's go upstairs?" I asked. "We don't have a lot of room but we have good coffee."

They smiled and nodded. I took their hands and we walked the stairs together.

I looked over my shoulder for Marcello.

"This doesn't mean that you can just let in anyone who bribes you. Even if they have thousands of roses," I said. "Just this time because they are my children. And because today, it's mother day."

Résumé

A 45 ans, Zoé vit avec son mari Henri dans un petit appartement. Un soir, lorsqu'elle rentre tard du travail, elle s'aperçoit que des gens se sont introduits chez elle. Sur sa table basse se trouvent plein de bouquets de roses. Son premier réflexe est d'aller voir Marcello, le portier, car il n'est pas sensé laisser des gens entrer sans permission. Alors qu'elle s'explique avec lui, les responsables arrivent derrière elle, et à sa grande surprise, ce sont ses enfants. Ils n'étaient pas venus la voir depuis longtemps. Elle avait d'ailleurs oublié qu'aujourd'hui c'était la fête des mères. A la fois surprise et heureuse, elle les invite à entrer chez elle.

Summary

Zoé is 45 and lives with her husband, Henri, in a small apartment. One evening when she comes back home late from work, she realizes that someone has entered her home. Her coffee table is full of roses. Her first instinct was to go talk to Marcello, the porter because he is not supposed to let people in without Zoe's permission. While she speaks with Marcello, the intruders arrive behind her and, to her surprise, it's her children. They did not visit for a long time. She had forgotten that today was Mother's Day. Both surprised and happy, she invites them inside the house.

Vocabulaire / Vocabulary

travail - work

escaliers - stairs

doigts - fingers

froid(s) - cold

clés - keys

interrupteur - light switch

salon - living room

cher - expensive

téléphone - phone

claquer - to slam

réception - front desk

avoir confiance - to trust

étrangers - strangers

tueur en série - serial killer

urgences - emergency

contrat de location - lease agreement

soudoyer - to bribe

éthique professionnelle – work ethic

épaules - shoulders

voix - voice

profond - deep

espace - space

café - coffee

fête des mères - Mother's day

Questions

1 - Quel âge a Zoé ?

a. 35 ans

b. 22 ans

c. 45 ans

2 - Que voit Zoé quand elle entre dans son appartement ?

a. Beaucoup de roses

b. Ses chats

c. Beaucoup de livres

3 - Quel est le nom du portier ?

a. Claudio

b. Antonio

c. Marcello

4 - Pourquoi Marcello a-t-il laissé entrer les gens dans l'appartement de Zoé ?

a. Parce qu'ils avaient l'air gentils

b. Parce qu'ils lui ont donné de l'argent en échange

c. Parce qu'il les connaissait

5 - Combien de fils et de filles Zoé a-t-elle ?

a. Deux fils et une fille

b. Deux filles et un fils

c. Un fils et une fille

6 - Pourquoi ses enfants sont-ils venus la voir tout d'un coup ?

7 - Pourquoi Zoé était-elle en colère contre Marcello ?

8 - Pourquoi Zoé ne s'attendait-elle pas à voir ses enfants ?

9 - Zoé est-elle contente de les voir ? Et pourquoi ?

10 - Va-t-elle les laisser entrer ?

1-How old is Zoé?

a-35

b-22

c-45

2-What does Zoé see when she enters her apartment?

a-A lot of roses

b-Her cats

c-A lot of books

3-What's the name of the doorman?

a-Claudio

b-Antonio

c-Marcello

4-Why did Marcello let the people enter in Zoé's apartment?

a-Because they looked nice

b-Because they gave him money in exchange

c-Because he knew them

5-How many sons and daughters does Zoé have?

a-Two sons and one daughter

b-Two daughters and one son

c-One son and one daughter

6-Why did her children came to visit her all of a sudden?

7-Why was Zoé mad at Marcello?

8-Why did Zoé did not expect to see her children?

9-Is Zoé happy seeing them? And why?

10-Did she let them in?

Réponses

1 - c

2 - a

3 - c

4 - b

5 - c

6 - Ils sont venus parce que c'est la fête des mères.

7 - Zoé était en colère contre Marcello parce qu'il laissait des étrangers entrer sans sa permission.

8 - Parce qu'elle ne les a pas vus depuis un moment.

9 - Zoé est heureuse parce qu'elle ne les a pas vus pendant les vacances.

10 - Elle les a invités pour un café.

Answers

1-c

2-a

3-c

4-b

5-c

6-They came because it was mother's day

7-Zoé was mad at Marcello because he let strangers in without her permission

8-Because she hasn't seen them for a while

9-Zoé is happy because she has not seen them for holidays.

10-She invited them over for a coffee.

Check out more books by Language Learning University

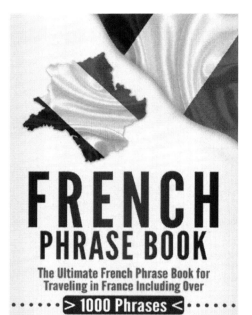